經論斷章讀敘

法海難言汪洋淵懿。學者嘗以易解文字囑請抉擇而苦無專籍。因思方便於諸經論節取雜集。期不背乎般若瑜伽。以應其求。凡十五章名之曰經論斷章讀。左傳賦詩斷章。予取所求。蓋斯意也。捨生死身而取法身猶儒者義利之辨。入德之門。如是讀維摩之方便密嚴之胎藏生二品。如何能捨生死身以解空法故。如是讀智論十喻。不能倏然與空相應方便先觀無常數息以定心。不淨以入境。龍樹稱法中甘露門也。如是讀般若念住品。定根於戒而成於慧最初

三皈。念佛法僧。三學之戒。念戒捨天定念息死。如是讀智論八念。三學之慧。般若眞諦。瑜伽俗諦。如是讀大般若空性品智論般若波羅蜜瑜伽勝義伽他實相爲無上菩提方便爲一切種智。佛之知見方便爲究竟。如是讀法華方便品。一乘絕唱。在不捨離一切衆生。一百四十一當願衆生。信位行也。觀察身語意業。佛法僧戒。皆不可得。而勤修十智。住位行也。皆地前行也。如是讀華嚴淨行品梵行品。地上菩薩自在無礙行。如是讀華嚴十忍品。佛前佛後。皆本一行。如是讀華嚴普賢行品。學佛所在。在決定死心。如是讀

金光明捨身飼虎故事。學佛所忌。忌決定死法。如是
讀大涅槃阿闍世王故事。探驪取珠。掃賊殄渠。何駭
怪之有。何不可思議之有。民國二十八年四月歐陽
漸敘於江津支那內學院蜀院

經論斷章讀目錄

凡十五章

維摩詰所說經方便品

（一標八）爾時毗耶離大城中有長者名維摩詰（二歎德 內十八德）已曾供養無量諸佛深殖善本得無生忍辯才無礙遊戲神通逮諸總持獲無所畏降魔勞怨入深法門善於智度通達方便大願成就明了衆生心之所趣又能分別諸根利鈍久於佛道心已純淑決定大乘諸有所作能善思量住佛威儀心大如海（外二德）諸佛咨嗟弟子釋梵世主所敬（三彰權 昔權卅五句攝濟六句）欲度人故以善方便居毗耶離資財無量攝諸貧民奉戒清淨攝諸毀禁以忍調行攝諸恚怒以大精進攝諸懈怠一心禪寂攝諸亂意以決定慧攝

諸無智（枝流十八句）雖爲白衣奉持沙門清淨律行雖處居家不著三界示有妻子常修梵行現有眷屬常樂遠離雖服寶飾而以相好嚴身雖復飲食而以禪悅爲味若至博弈戲處輒以度人受諸異道不毀正信雖明世典常樂佛法一切見敬爲供養中最執持正法攝諸長幼一切治生諧偶雖獲俗利不以喜悅遊諸四衢饒益衆生入治政法救護一切入講論處導以大乘入諸學堂誘開童蒙（導下十一句）入諸淫舍示欲之過入諸酒肆能立其志若在長者長者中尊爲說勝法若在居士居士中尊斷其貪著若在剎利剎利中尊教以忍辱

若在婆羅門婆羅門中尊除其我慢若在大臣大臣
中尊教以正法若在王子王子中尊示以忠孝若在
內官內官中尊化政宮女若在庶民庶民中尊令興
福力若在梵天梵天中尊誨以勝慧若在帝釋帝釋
中尊示現無常若在護世護世中尊護諸衆生長者（今權四十）
（二句初厭離二十七句）維摩詰以如是等無量方便饒益衆生其以方便現
身有疾以其疾故國王大臣長者居士婆羅門等及
諸王子並餘官屬無數千人皆往問疾其往者維摩
詰因以身疾廣爲說法諸（無常一）仁者是身無常無强無力
無堅速朽之法不可信也（逼迫二）爲苦爲惱衆病所集諸仁

者如此身明智者所不怙是（非實十）身如聚沫不可撮摩是
身如泡不得久立是身如燄從渴愛生是身如芭蕉
中無有堅是身如幻從顛倒起是身如夢爲虛妄見
是身如影從業緣現是身如響屬諸因緣是身如浮
雲須臾變滅是身如電念念不住（不自由八）是身無主爲如地
是身無我爲如火是身無壽爲如風是身無人爲如
水是身不實四大爲家是身爲空離（不淨七）我我所是身無
知如草木瓦礫是身無作風力所轉是身不淨穢惡
充滿是身爲虛僞雖假以澡浴衣食必歸磨滅是身
爲災百一病惱是身如丘井爲老所逼是身無定爲

要當死。是身如毒蛇。如怨賊。如空聚。陰界諸入所共合成。（後趣八十五句）諸仁者。此可患厭。當樂佛身。所以者何。（法身一）佛身者。即法身也。（報化身十四）從無量功德智慧生。從戒定慧解脫解脫知見生。從慈悲喜捨生。從布施持戒忍辱柔和勤行精進禪定解脫三昧多聞智慧諸波羅密生。從方便生。從六通生。從三明生。從三十七道品生。從止觀生。從十力四無所畏十八不共法生。從斷一切不善法集一切善法生。從眞實生。從不放逸生。從如是無量清淨法生如來身。諸仁者。欲得佛身。斷一切衆生病者。當發阿耨多羅三藐三菩提心。如是長者維摩詰爲諸問病者如應說法。令無數千人皆發阿耨多羅三藐三菩提心。

密嚴經胎藏生品

爾時金剛藏　菩薩摩訶薩　復告螺髻梵、
天主應當知、　一切有情身　九物以爲性。
有爲相遷動　能造所造俱。　精血共和合
增長于不淨。　爲無量諸業　之所常覆纏。
如毒樹所生　扶疏而蓊鬱。　貪瞋等煩惱
增長亦如是。　九月或十月　生於滿足時
既從胎藏出　顚危受諸苦、　天主應當知。
此諸有情類　皆由業力故　驅馳運動生。
或自人中來　或以傍生趣　非天與羅刹

龍及於諸鬼。　或以持明族　天趣之勝身。
或於瑜祇中　退失三摩地　輪王之貴族
而來生此中。　如是既生已　諸根遂增長。
隨親近宿習　復造於諸業。　由斯業力故
輪迴諸趣中。　若有諸智者　聞法得覺悟。
離文字分別　入三解脫門。　得證眞實理
清淨之殊勝　上上最清淨　即住於密嚴
能徧俱胝刹　隨宜而應現。　天主如是生
永脫諸險趣。　是名爲丈夫　亦名爲智者。
亦名天中天　佛子衆圍繞。　天主應當知。

胎藏身虛僞　非從自性生　非從癡愛業。
以皆因相有。了達滅無餘　亦離於分別
及以於文字。能如斯觀者　即往密嚴場。
若諸修定人　住定攀緣境。即便爲聲色
誑惑生取著　不能得堅固。亦名散動心。
以斯邪定縛　流轉生三界。若有勝瑜祇
善住三摩地。遠離能所取　寂然心不生。
是名眞實修　無相觀行者。欲生密嚴土
常應如是觀。

大智度論十喻

解了諸法如幻。如燄。如水中月。如虛空。如響。如揵闥婆城。如夢。如影。如鏡中像。如化。

是十喻爲解空法故。問曰。若一切諸法空如幻。何以故諸法有可見可聞可齅可嘗可觸可識者。若實無所有。不應有可見乃至可識。復次若無而妄見者。何以不見聲聞色。若皆一等空無所有。何以有可見不可見者。如一指第一甲無。第二甲亦無。何以不見第二甲獨見第一甲。以是故知第一甲實有。故可見。第二甲實無故不可見。答曰。諸法相雖空亦有分別可見不可見。譬如幻化象馬及種種諸物。雖知無實。然色可見。聲可聞。與六情相對不相錯亂。諸法亦如是。雖空而可見可聞不相錯亂。如德女經說。德女白佛言。世尊。如無明內有不。佛言不。外有不。佛言不。內外有不。佛言不。世尊。是無明從先世來不。佛言不。從此世至後世不。佛言不。是無明有生者滅者不。佛言不。有一法定實性是名無明不。佛言不。爾時德女復白佛言。若無明無內無外亦無內外。不從先世至今世今世至後世。亦無眞實性者。云何從無明緣行乃至衆苦集。世尊。譬如有樹若無根者。云何得生莖節枝葉華果。佛言諸法相雖空。凡夫無聞無智故而於中生種種煩惱。煩惱因緣作身口意業。業因緣作後身。身因緣受苦受樂。是中無有實作煩惱。亦無身口意業。亦無有受苦樂者。譬如幻師幻作種種事。於汝意云何。是幻所作內有不答言不。外有不答言不。內外有不答言不。從先世至今世今世至後世不答言不。幻所作有生者滅者不答言不。實有一法是幻所作不答言不。佛言汝頗見頗聞幻所作伎樂不答言我亦聞亦見。佛問德女若幻空欺誑無實。云何從幻能作伎樂。德女白佛言世尊是幻相法爾。雖無根本而

可聞見。佛言無明亦如是。雖不內有不外有不內外有不先世至今世今世至後世。亦無實性無有生者滅者。而無明因緣諸行生乃至眾苦集。如幻息幻所作息。無明亦爾。無明盡行亦盡。乃至眾苦集皆盡。復次是幻譬喻。示眾生一切有為法空不堅固。如說一切諸行如幻欺誑小兒。屬因緣不自在不久住。是故說諸菩薩知諸法如幻。如燄者。燄以日光風動塵故曠野中如野馬。無智人初見謂為水。男相女相亦如是。結使煩惱日光。諸行塵。邪憶念風。生死曠野中轉無智慧者謂為一相為男為女。是名如燄。復次若遠

見燄想爲水相。無水相。無智人亦如是若遠聖法不知無我不知諸法空。於陰界入性空法中生人相男相女相。近聖法則知諸法實相。是時虛誑種種妄

人我

想盡除。以是故說諸菩薩知諸法如燄。如水中月者。月在虛空中。影現於水。實法相月在如法性實際虛空中。凡人心水中有我我所相現。以是故名如水中月。復次如小兒見水中月歡喜欲取。大人見之則笑。無智人亦如是身見故見有吾我。無實智故見種種法。見已歡喜欲取諸相男相女相等。諸得道聖人笑之。如偈說如水中月燄中水夢中得財死求生有人

於此實欲得。是人癡惑聖所笑。復次譬如靜水中見月影。擾水則不見。無明心靜水中見吾我憍慢諸結使影。實智慧杖擾心水則不見吾我等諸結使影。以

法我

是故說諸菩薩知諸法如水中月。如虛空者。但有名而無實法。虛空非可見法。遠視故眼光轉見縹色。諸法亦如是。空無所有。人遠無漏實智慧故。棄實相見彼我男女屋舍城郭等種種雜物心著。如小兒仰視青天謂有實色。有人飛上極遠而無所見。以遠視故謂爲青色。諸法亦如是。以是故說如虛空。復次如虛空性常清淨。人謂陰曀爲不淨。諸法亦如是性常清

淨婬欲瞋恚等曀故人謂爲不淨。如偈說。如夏月天雷電雨。陰雲覆曀不淸淨。凡夫無智亦如是。種種煩惱常覆心。如冬天日時一出。常爲昏氣雪陰曀。雖得初果第二道。猶爲欲染之所蔽。若如春天日欲出時爲陰雨所覆曀。雖離欲染第三果。餘殘癡慢猶覆心。若如秋日無雲曀。亦如大海水淸淨。所作已辦無漏心。羅漢如是得淸淨。復次虛空無初無中無後。諸法亦如是。復次如摩訶衍中佛語須菩提。虛空無前世亦無中世亦無後世。諸法亦如是。彼經此中應廣說。是故說諸法如虛空。問曰。虛空實有法。何以故。若虛空無實法。若舉若下若來若往若屈若申若出若入等有所作。應無有。以無動處故。答曰。若虛空法實有。虛空應有住處。何以故。無住處則無法。若虛空在孔中住。是爲虛空在虛空中住。以是故不應孔中住。若在實中住。是實非空。則不得住。無所受故。復次汝言住處是虛空。如石壁實中無有住處。若無住處則無虛空。以虛空無住處故無虛空。復次無相故無虛空。諸法各各有相。相有故知有法。如地堅相水濕相火熱相風動相識識相慧解相世間生死相涅槃永滅相是虛空無相故無。問曰。虛空有相。汝不知故言無無色處是虛空相。答曰。不爾。無色是名破色。更無異法。如燈滅。以是故無有虛空相。復次。是虛空法無。何以故。汝因色故以無色處是虛空相。若爾者色未生時則無虛空相。復次。汝謂色是無常法。虛空是有常法。色未有時應先有虛空法。以有常故。若色未有則無無色處。若無無色處則無虛空相。若無相則無法。以是故虛空但有名而無實。諸法亦如是。但有假名而無實。以是故諸菩薩知諸法如虛空。如響者。若深山狹谷中。若深絕澗中。若空大舍中。若語聲。若打聲。從聲有聲。名為響。無智人謂為有人語聲。智者心念

是聲無人作。但以聲觸故名為響。響事空能誑耳根。如人欲語時。口中風名憂陀那。還入至齊。觸齊響出。響出時觸七處退。是名語言。如偈說。風名憂陀那。觸齊而上去。是風七處觸。項及齗齒脣。舌咽及以胸。是中語言生。愚人不解此。惑著起瞋癡。中人有智慧。不瞋亦不著。亦復不愚癡。但隨諸法相。曲直及屈伸。去來現語言。都無有作者。是事是幻耶。為機關木人。為是夢中事。我為熱氣悶。有是為無是。是事誰能知。是骨人筋纏。能作言語聲。如鎔金投水。以是故言諸菩薩知諸法如響。如揵闥婆城者。日初出時。見城門樓

樓宮殿行人出入日轉高轉滅此城但可眼見而無有實是名犍闥婆城有人初不見犍闥婆城晨朝東向見之意謂實樂疾行趣之轉近轉失日高轉滅飢渴悶極見熱氣如野馬謂之爲水疾走趣之轉近轉滅疲極困厄至窮山狹谷中大喚啼哭聞有響應謂有居民求之疲極而無所見思惟自悟渴願心息無智人亦如是空衆界入中見吾我及諸法婬瞋心著四方狂走求樂自滿顛倒欺誑窮極懊惱若以智慧知無我無實法者是時顛倒願息復次犍闥婆城非城人心想爲城凡夫亦如是非身想爲身非心想爲心問曰一事可知何以多喩答曰我先已答是摩訶衍如大海水一切法盡攝摩訶衍多因緣故多譬喩無咎復次是菩薩甚深利智故種種法門種種因緣種種喩壞諸法爲人解故應多引喩復次一切聲聞法中無犍闥婆城喩有種種餘無常喩色如聚沫受如泡想如野馬行如芭蕉識如幻及幻網經中空譬喩以是犍闥婆城喩異故此中說問曰聲聞法中以城喩身此中何以說犍闥婆城喩答曰聲聞法中城喩衆緣實有但城是假名犍闥婆城衆緣亦無如旋火輪但惑人目聲聞法中爲破吾我故以城爲喩此

諸法因緣生相

無有實。問曰。影空無有實。是事不然。何以故。阿毗曇說。云何名色入。青黃赤白黑縹紫光明影等。及身業三種作色。是名可見色入。汝云何言無。復次實有影。有因緣故。因爲樹。緣爲明。是二事合有影生。云何言無。若無影。餘法因緣有者。亦皆應無。復次是影色可見。長短大小麤細曲直。形動影亦動。是事皆可見。以是故應有。答曰。影實空無。汝言阿毗曇中說者。是釋阿毗曇義人所作說。一種法門。入不體其意。執以爲實。如毗婆沙中說。微塵至細。不可破不可燒。是則常有。復有三世中法。未來中出至現在。從現在入過去

無所失。是則爲常。又言諸有爲法新新生滅不住。若爾者。是則爲斷滅相。何以故。先有今無故。如是等種種異說。違背佛語。不可以此爲證。影今異於色法。色法生必有香味觸等。影則不爾。是爲非有。如瓶二根知。眼根身根。影若有。亦應二根知。而無是事。以是故影非有實物。但是誑眼法。如捉火熠疾轉成輪非實。若影是有物。應可破可滅。若形不滅。影終不壞。以是故空。復次影屬形。不自在故空。雖空而心生眼見。以是故說諸法如影。如鏡中像者。如鏡中像。非鏡作。非面作。非執鏡者作。亦非自然作。亦非無因緣。何以非

無實也。答曰。雖實有人頭雖實有角。但人頭生角者是妄見。問曰。世界廣大。先世因緣種種不同。或有餘國人頭生角或一手一足有一尺人有九尺人。人有角何所怪。答曰。若餘國人有角可爾。但夢見此國所識人有角則不可得。復次若人夢見虛空邊方邊時邊是事云何。有實何處無虛空無方無時。以是故夢中無而見有。汝先言無緣云何生識。雖無五塵緣自思惟念力轉故法緣生。若人言有二頭因語生想夢中無而見有亦復如是。諸法亦爾。諸法雖無而可見可聞可知。如偈說。如夢如幻如揵闥婆。一切諸法亦

業相

復如是。以是故說諸菩薩知諸法如夢。如影者。影但可見而不可捉。諸法亦如是。眼情等見聞覺知實不可得。如偈說。是實智慧四邊叵捉。如大火聚亦不可觸。法不可受。亦不應受。復次如影映光則現不映則無。諸結煩惱遮正見光則有我相法相影。復次如影人去則去人動則動人住則住。善惡業影亦如是。後世去時亦去今世住時亦住。報不斷故罪福熟時則出。如偈說。空中亦逐去。山石中亦逐。地底亦隨去。海水中亦入。處處常隨逐。業影不相離。以是故說諸法如影。復次如影空無求實不可得。一切法亦如是空

結使

中菩薩利根深入諸法空中　故以犍闥婆城爲喻以
是故說如犍闥婆城。如夢者。如夢中無實事謂之有
實覺已知無而還自笑。人亦如是諸結使眠中實無
而著得道覺時乃知無實亦復自笑以是故言如夢。
復次夢者眠力故無法而見。人亦如是無明眠力故
種種無而見有所謂我我所男女等復次夢中無喜
事而喜無瞋事而瞋無怖事而怖三界衆生亦如是。
無明眠故不應瞋而瞋不應喜而喜不應怖而怖復
次夢有五種若身中不調若熱氣多則多夢見火見
黃見赤若冷氣多則多見水見白若風氣多則多見

飛見黑。又復所聞見事多思惟念故則夢見或天與
夢欲令知未來事故是五種夢皆無事而妄見。人亦
如是五道中衆生身見力因緣故見四種我色陰是
我色是我所我中色色中我如色受想行識亦如是
四五二十得道實智慧已知無實。問曰。不應言夢無
實何以故識心得因緣便生夢中識有種種緣若無
此緣云何生識答曰。無也不應見而見夢中見人頭
有角或夢見身飛虛空人實無角身亦不飛是故無
實。問曰。實有人頭餘處亦實有角以心惑故見人頭
有角實有虛空亦實有飛者以心惑故自見身飛非

鏡作。若面未到鏡則無像以是故非鏡作。何以非面作無鏡則無像。何以非執鏡者作無鏡無面則無像。何以非自然作若未有鏡未有面則無像像待鏡待面然後有以是故非自然作。何以非無因若無因緣應常有若常有若除鏡除面亦應自出。以是故非無因緣。諸法亦如是非自作非彼作非共作非無因緣。云何非自作我不可得故。一切因生法不自在故。諸法屬因緣故。是以非自作。亦非他作者自無故他亦無。若他作則失罪福力。他作有二種若善若不善。若善應與一切樂。若不善應與一切苦若苦樂雜以何因緣故與樂以何因緣故與苦若共有二過故自過他過。若無因緣生苦樂人應常樂離一切苦若無因緣人不應作樂因除苦因。一切諸法必有因緣愚癡故不知。譬如人從木求火從地求水從扇求風如是等種種各有因緣。是苦樂和合因緣生。先世業因今世若好行若邪行緣從是得苦樂是苦樂種種因緣以實求之無人作無人受空五衆作空五衆受。無智人得樂婬心愛著得苦生瞋恚是樂滅時更欲求得。如小兒見鏡中像心樂愛著失已破鏡求索智人笑之。失樂更求亦復如是亦爲得道聖人所笑以是

非住滅

故說諸法如鏡中像。復次如鏡像實空不生不滅誑惑人眼。一切諸法亦復如是空不實不生不滅誑惑凡夫人眼。問曰。鏡中像從因緣生有面有鏡有持鏡人有明是事和合故像生。因是像生憂喜亦作因亦作果。云何言實空不生不滅。答曰。從因緣生不自在故空。若法實有是不應從因緣生。何以故。若因緣中先有因緣無所用。若因緣中先無因緣亦無所用。譬如乳中若先有酪是乳非酪因酪先有故。若先無酪如水中無酪。是乳亦非因。若無因而有酪者。水中何以不生酪。若乳是酪因緣。乳亦不自在亦從因緣生。

乳從牛有。牛從水草有。如是無邊皆有因緣。以是故因緣中果不得言有不得言無不得言有無不得言非有非無諸法從因緣生無自性如鏡中像。如偈說。

若法因緣生。是法性實空。若此法不空。不從因緣有。
譬如鏡中像。非鏡亦非面。亦非持鏡人。非自非無因。
非有亦非無。亦復非有無。此語亦不受。如是名中道。

以是故說諸法如鏡中像。如化者。十四變化心。初禪二欲界初禪。二禪三欲界初禪二禪。三禪四欲界初禪二禪三禪。四禪五欲界初禪二禪三禪四禪。是十四變化心作八種變化。一者能作小乃至微塵。二者能作大乃至滿虛空。三者能作輕乃至如鴻毛。四者能作自在能以大爲小以長爲短如是種種。五者能有主力。有大力人無所下故言有主力六者能遠到。七者能動地八者隨意所欲盡能得。一身能作多多身能作一。石壁皆過履水蹈虛手捫日月。能轉四大地作水水作地火作風風作火石作金金作石。是變化復有四種。欲界藥物寶物幻術能變化諸物。諸神通人力故能變化諸物。天龍鬼神輩得生報力故能變化諸物。色界生報修定力故能變化諸物。如化人無生老病死無苦無樂亦異於人生。以是故空無實。一切諸法亦如

是皆無生住滅。以是故說諸法如化。復次化主無定物但以心生便有所作。皆無有實。人身亦如是本無所因但從先世心生今世身皆無有實。以是故說諸法如化。如變化心滅則化滅。諸法亦如是因緣滅果亦滅。不自在。如化事雖實空能令衆生生憂苦瞋恚憙樂癡惑。諸法亦如是雖空無實能令衆生起歡喜瞋恚憂怖等。以是故說諸法如化。復次如變化生法無初無中無後。諸法亦如是。如變化生時無所從來滅亦無所去。諸法亦如是。復次如變化相清淨如虛空無所染著不爲罪福所汙。諸法亦如是如法性如

如如眞際自然常淨譬如閻浮提四大河一河有五百小河屬是水種種不淨入大海水中皆清淨問曰不應言變化事空何以故變化心亦從修定得從此心作種種變化若人若法是化有因有果云何空答曰如影中已答今當更答此因緣雖有變化果空如口言無所有雖心生口言不可以心口有故所言無所有便是有若言有第二頭第三手雖從心口生不可言有頭有手如佛說觀無生從有生得脫依無爲從有爲得脫雖觀無生法無而可作因緣無爲亦爾變化雖空亦能生心因緣譬如幻焰等九譬喻雖無

能生種種心復次化事於六因四緣中求不可得是中六因四緣不相應故空復次空不以不見爲空以其無實用故言空以是故言諸法如化問曰若諸法十譬喻皆空無異者何以但以十事爲喻不以山河石壁等爲喻答曰諸法雖空而有分別有難解空有易解空今以易解空喻難解空復次諸法有二種有心著處有心不著處以心不著處解心著處問曰此十譬喻何以是心不著處答曰是十事不久住易生易滅以是故是心不著處復次有人知十喻誑惑耳目法不知諸法空故以此喻諸法若有人於十譬喻

中。心著不解種種難論。以此爲有。是十譬喻不爲其人用。應更爲說餘法門。問曰。若諸法都空不生不滅。是十譬喻等種種譬喻種種因緣議論。我已悉知爲空。若諸法都空不應說是喻。若說是喻是爲不空。答曰。我說空破諸法有。今所說者若說有先已破。若說無不應難。譬如執事比丘舉手唱言衆皆寂靜。是爲以聲遮聲非求聲也。以是故雖說諸法空不生不滅愍念衆生故雖說非有也。以是故說諸法如化。

大般若經念住等品

復次善現。菩薩摩訶薩大乘相者。謂四念住。云何爲四。一身念住。二受念住。三心念住。四法念住。身念住者。謂菩薩摩訶薩修行般若波羅蜜多時。以無所得而爲方便。雖於内身住循身觀。或於外身住循身觀。或於内外身住循身觀。而永不起身俱尋思。熾然精進。正知具念調伏貪憂。受念住者。謂菩薩摩訶薩修行般若波羅蜜多時。以無所得而爲方便。雖於内受住循受觀。或於外受住循受觀。或於内外受住循受觀。而永不起受俱尋思。熾然精進。正知具念調伏貪憂。心念住者。謂菩薩摩訶薩修行般若波羅蜜多時。以無所得而爲方便。雖於内心住循心觀。或於外心住循心觀。或於内外心住循心觀。而永不起心俱尋思。熾然精進。正知具念調伏貪憂。法念住者。謂菩薩摩訶薩修行般若波羅蜜多時。以無所得而爲方便。雖於内法住循法觀。或於外法住循法觀。或於内外法住循法觀。而永不起法俱尋思。熾然精進。正知具念調伏貪憂。云何菩薩摩訶薩修行般若波羅蜜多時以無所得而爲方便於内身住循身觀熾然精進正知具念調伏貪憂。善現若菩薩摩訶薩修行般若波羅蜜多時以無所得而爲方便審觀自身行時知行住時知住坐時知坐臥時知臥如如自身威儀差別如是如是熾然精進正知具念調伏貪憂是爲菩薩摩訶薩修行般若波羅蜜多時以無所得而爲方便於內身住循身觀熾然精進正知具念調伏貪憂

復次善現若菩薩摩訶薩修行般若波羅蜜多時以無所得而爲方便審觀自身正知往來正知瞻顧正知俯仰正知屈伸服僧伽胝執持衣鉢若食若飲偃息經行坐起承迎寤寐語默入出諸定皆念正知是爲菩薩摩訶薩修行般若波羅蜜多時以無所得而爲方便於內身住循身觀熾然精進正知具念調伏貪憂

復次善現若菩薩摩訶薩修行般若波羅蜜多時以無所得而爲方便審觀自身於息入時念知息入於息出時念知息出於息長時念知息長於息短時念知息短如轉輪師或彼弟子輪勢長時知輪勢長輪勢短時知輪勢短是菩薩摩訶薩亦復如是念知諸息若入若出長短差別是爲菩薩摩訶薩修行般若波羅蜜多時以無所得而爲方便於內身住循身觀熾然精進正知具念調伏貪憂

復次善現若菩薩摩訶薩修行般若波羅蜜多時以無所得而爲方

便審觀自身諸界差別。所謂地界水火風界。如巧屠師或彼弟子斷牛命已復用利刀分析其身割爲四分。若坐若立如實觀知。是菩薩摩訶薩亦復如是觀察自身地水火風四界差別。是爲菩薩摩訶薩修行般若波羅蜜多時以無所得而爲方便於內身住循身觀熾然精進正知具念調伏貪憂。復次善現若菩薩摩訶薩修行般若波羅蜜多時以無所得而爲方便審觀自身從足至頂種種不淨充滿其中外爲薄皮之所纏裹。所謂此身唯有種種髮毛爪齒。皮革血肉筋脈骨髓。心肝肺腎脾膽胞胃。大腸小腸屎尿涕

唾。涎淚垢汗。痰膿肪刪。腦膜矑聹。如是不淨充滿身中。如有農夫或諸長者倉中盛滿種種雜穀。所謂稻麻粟豆麥等。有明目者開倉觀之。能如實知其中唯有稻麻粟等種種雜穀。是菩薩摩訶薩亦復如是審觀自身從足至頂不淨充滿不可貪樂。是爲菩薩摩訶薩修行般若波羅蜜多時以無所得而爲方便於內身住循身觀熾然精進正知具念調伏貪憂。復次善現。若菩薩摩訶薩修行般若波羅蜜多時以無所得而爲方便往澹泊路觀所棄屍。死經一日或經二日。乃至七日。其身膖脹。色變青瘀。臭爛皮穿。膿血流

出。見是事已自念我身有如是性具如是法未得解脫終歸如是是爲菩薩摩訶薩修行般若波羅蜜多時以無所得而爲方便於內身住循身觀熾然精進正知具念調伏貪憂。復次善現若菩薩摩訶薩修行般若波羅蜜多時以無所得而爲方便往澹泊路觀所棄屍死經一日或經二日乃至七日爲諸鵰鷲烏鵲鵄梟虎豹狐狼野干狗等種種禽獸或啄或摣骨肉狼藉齟掣食噉。見是事已自念我身有如是性具如是法未得解脫終歸如是。是爲菩薩摩訶薩修行般若波羅蜜多時以無所得而爲方便於內身住循

身觀熾然精進正知具念調伏貪憂。復次善現若菩薩摩訶薩修行般若波羅蜜多時以無所得而爲方便往澹泊路觀所棄屍。禽獸食已不淨潰爛膿血流離有無量種蟲蛆雜出臭穢可汙過於死狗見是事已自念我身有如是性具如是法未得解脫終歸如是是爲菩薩摩訶薩修行般若波羅蜜多時以無所得而爲方便於內身住循身觀熾然精進正知具念調伏貪憂。復次善現若菩薩摩訶薩修行般若波羅蜜多時以無所得而爲方便往澹泊路觀所棄屍蟲蛆食已肉離骨現肢節相連筋纏血塗尚餘腐肉。見

是事已。自念我身有如是性具如是法。未得解脫終歸如是。是爲菩薩摩訶薩修行般若波羅蜜多時以無所得而爲方便於內身住循身觀熾然精進正知具念調伏貪憂。復次善現。若菩薩摩訶薩修行般若波羅蜜多時以無所得而爲方便往澹泊路觀所棄屍已成骨鎖血肉都盡餘筋相連見是事已自念我身有如是性具如是法。未得解脫終歸如是。是爲菩薩摩訶薩修行般若波羅蜜多時以無所得而爲方便於內身住循身觀熾然精進正知具念調伏貪憂。復次善現。若菩薩摩訶薩修行般若波羅蜜多時以無所得而爲方便往澹泊路觀所棄屍但餘衆骨其骨皓白色如珂雪諸筋糜爛肢節分離見是事已自念我身有如是性具如是法。未得解脫終歸如是。是爲菩薩摩訶薩修行般若波羅蜜多時以無所得而爲方便於內身住循身觀熾然精進正知具念調伏貪憂。復次善現。若菩薩摩訶薩修行般若波羅蜜多時以無所得而爲方便往澹泊路觀所棄屍成白骨已肢節分散零落異方。見是事已自念我身有如是性具如是法。未得解脫終歸如是。是爲菩薩摩訶薩修行般若波羅蜜多時以無所得而爲方便於內身住循身觀熾然精進正知具念調伏貪憂復次善現若菩薩摩訶薩修行般若波羅蜜多時以無所得而爲方便往澹泊路觀所棄屍諸骨分離各在異處足骨異處腨骨異處膝骨異處髀骨異處髖骨異處脊骨異處脇骨異處胸骨異處膊骨異處臂骨異處手骨異處頂骨異處頷骨異處頰骨異處其髑髏骨亦在異處見是事已自念我身有如是性具如是法未得解脫終歸如是是爲菩薩摩訶薩修行般若波羅蜜多時以無所得而爲方便於內身住循身觀熾然精進正知具念調伏貪憂復次善現若菩薩摩訶薩

修行般若波羅蜜多時以無所得而爲方便往澹泊路觀所棄屍骸骨狼藉風吹日曝雨灌霜封積有歲年色如珂雪見是事已自念我身有如是性具如是法未得解脫終歸如是是爲菩薩摩訶薩修行般若波羅蜜多時以無所得而爲方便於內身住循身觀熾然精進正知具念調伏貪憂復次善現若菩薩摩訶薩修行般若波羅蜜多時以無所得而爲方便往澹泊路觀所棄屍餘骨散地經多百歲或多千年其相變青狀如鴿色或有腐朽碎末如塵與土相和難可分別見是事已自念我身有如是性具如是法未

得解脫終歸如是。是爲菩薩摩訶薩修行般若波羅蜜多時以無所得而爲方便於內身住循身觀熾然精進正知具念調伏貪憂。善現。諸菩薩摩訶薩修行般若波羅蜜多時以無所得而爲方便。如於內身如是差別住循身觀熾然精進正知具念調伏貪憂。於外身住循身觀於內外身住循身觀熾然精進正知具念調伏貪憂。隨其所應亦復如是。

善現。諸菩薩摩訶薩修行般若波羅蜜多時以無所得而爲方便於內外俱受心法住循受心法觀。熾然精進正知具念調伏貪憂。隨其所應皆應廣說。善現。

如是菩薩摩訶薩修行般若波羅蜜多時以無所得而爲方便於內外俱身受心法住循身受心法觀時。雖作是觀而無所得。善現當知是爲菩薩摩訶薩大乘相。

復次善現。菩薩摩訶薩大乘相者謂四正斷。云何爲四。善現若菩薩摩訶薩修行般若波羅蜜多時以無所得而爲方便於諸未生惡不善法爲不生故生欲策勵發起正勤策心持心。是爲第一。若菩薩摩訶薩修行般若波羅蜜多時以無所得而爲方便於諸已生惡不善法爲永斷故生欲策勵發起正勤策心持心是為第二。若菩薩摩訶薩修行般若波羅蜜多時以無所得而為方便未生善法為令生故生欲策勵發起正勤策心持心是為第三。若菩薩摩訶薩修行般若波羅蜜多時以無所得而為方便已生善法為令安住不忘增廣倍修滿故生欲策勵發起正勤策心持心是為第四。善現當知是為菩薩摩訶薩大乘相。

復次善現菩薩摩訶薩大乘相者謂四神足云何為四。善現若菩薩摩訶薩修行般若波羅蜜多時以無所得而為方便修欲三摩地斷行成就神足依離依

無染依滅迴向捨是為第一。若菩薩摩訶薩修行般若波羅蜜多時以無所得而為方便修勤三摩地斷行成就神足依離依無染依滅迴向捨是為第二若菩薩摩訶薩修行般若波羅蜜多時以無所得而為方便修心三摩地斷行成就神足依離依無染依滅迴向捨是為第三。若菩薩摩訶薩修行般若波羅蜜多時以無所得而為方便修觀三摩地斷行成就神足依離依無染依滅迴向捨是為第四。善現當知是為菩薩摩訶薩大乘相。

復次善現菩薩摩訶薩大乘相者謂五根。云何為五。

善現，若菩薩摩訶薩修行般若波羅蜜多時，以無所得而爲方便，所修信根、精進根、念根、定根、慧根，善現當知，是爲菩薩摩訶薩大乘相」。

復次善現，菩薩摩訶薩大乘相者，謂五力。云何爲五？善現，若菩薩摩訶薩修行般若波羅蜜多時，以無所得而爲方便，所修信力、精進力、念力、定力、慧力，善現當知，是爲菩薩摩訶薩大乘相」。

復次善現，菩薩摩訶薩大乘相者，謂七等覺支。云何爲七？善現，若菩薩摩訶薩修行般若波羅蜜多時，以無所得而爲方便，所修念等覺支、擇法等覺支、精進

等覺支、喜等覺支、輕安等覺支、定等覺支、捨等覺支，依離、依無染、依滅、迴向捨，善現當知，是爲菩薩摩訶薩大乘相」。

復次善現，菩薩摩訶薩大乘相者，謂八聖道支。云何爲八？善現，若菩薩摩訶薩修行般若波羅蜜多時，以無所得而爲方便，所修正見、正思惟、正語、正業、正命、正精進、正念、正定，依離、依無染、依滅、迴向捨，善現當知，是爲菩薩摩訶薩大乘相」。

大智度論八念

念佛。念法。念僧。念戒。念捨。念天。念出入息。念死。問曰。（除怖）何以故九想次第有八念。答曰。佛弟子於阿蘭若處空舍冢間山林曠野善修九想內外不淨觀厭患其身而作是念。我云何擔是底下不淨屎尿囊自隨。歘然驚怖。及爲惡魔作種種惡事來恐怖之。欲令其退。以是故佛次第爲說八念。如經中說。佛告諸比丘。若於阿蘭若處空舍冢間山林曠野在中思惟若有怖畏衣毛爲豎。爾時當念佛。佛是多陀阿伽度阿羅訶三藐三佛陀乃至婆伽婆。恐怖則滅。若不念佛當應

念法。佛法清淨巧出善說得今世報指示開發。有智之人心力能解。如是念法怖畏則除。若不念法則當念僧。佛弟子衆修正道隨法行。僧中有阿羅漢向阿羅漢乃至須陀洹向須陀洹四雙八輩。是佛弟子衆應供養合掌恭敬禮拜迎送。世間無上福田。作如是念僧恐怖即滅。佛告諸比丘。釋提桓因與阿修羅鬥在大陣中時告諸天衆。汝與阿修羅鬥時設有恐怖當念我七寶幢恐怖即滅。若不念我幢當念伊舍那天子（帝釋左面天王）寶幢恐怖即除。若不念伊舍那寶幢當念婆樓那天子（右面天王）寶幢恐怖即除。以是故知爲除

恐怖因緣故次第說八念。問曰。經中說三念因緣除恐怖。五念復云何能除恐怖。答曰。是比丘自念布施持戒功德。怖畏亦除。所以者何。若破戒心畏墮地獄。若慳貪心畏墮餓鬼及貧窮中。自念我有是淨戒布施。若念淨戒若念布施。心則歡喜。作是言。若我命未盡。當更增進功德。若當命終。不畏墮惡道。以是故念戒施亦能令怖畏不生。念上諸天皆是布施持戒果報。此諸天以福德因緣故生彼。我亦有是福德。以是故念天亦能令怖畏不生。十六行念安那般那時細覺尚滅。何況恐怖麤覺。念死者。念五衆身念念生滅。

從生已來常與死俱。今何以畏死。是五念佛雖不說亦能除恐怖。所以者何。念他功德以除恐怖則難。自念已事以除恐怖則易。以是故佛不說。問曰。云何是

一念佛

念佛。答曰。行者一心念佛得如實智慧。大慈大悲成就。是故言無錯謬。麤細多少淺深皆無不實。皆是實故。名多陀阿伽度。亦如過去未來現在十方諸佛。於衆生中起大悲心。行六波羅蜜得諸法相來至阿耨多羅三藐三菩提中。此佛亦如是。是名多陀阿伽度。如三世十方諸佛身放大光明遍照十方。破諸黑闇。心出智慧光明破衆生無明闇冥。功德名聞亦遍滿

十方去至涅槃。此佛亦如是去以是故亦名多陀阿伽度。有如是功德故應受一切諸天世人最上供養是故名阿羅訶。若有人言何以故但佛如實說如來如去故應受最上供養。以佛得正偏智慧故。正名諸法不動不壞相徧名不爲一法二法故。以悉知一切法無餘不盡是名三藐三佛陀。是正遍智慧不從無因而得亦不從天得。是中依智慧持戒具足故得正遍智慧智慧名菩薩從初發意乃至金剛三昧相應智慧持戒名菩薩從初發意乃至金剛三昧身業口業清淨隨意行。是故名鞞闍遮羅那三般那。若行是

二行得善去。如車有兩輪善去者如先佛所去處佛亦如是去。故名修伽陀。若有言佛自修其法不知我等事。以是故知世間知世間因知世間盡知世間盡道故名爲路迦憊。知世間已調御衆生於種種師中最爲無上。以是故名阿耨多羅富樓沙曇藐婆羅提。能以三種道滅三毒令衆生行三乘道。以是故名賁多提婆魔㝹舍喃。若有言以何事故能自利益無量復能利益他人無量佛一切智慧成就故過去未來現在盡不盡動不動一切世間了了悉知。故名爲佛陀。得是九種名號有大名稱遍滿十方。以是故名婆

伽婆。經中佛自說如是名號應當作是念佛。復次一切種種功德盡在於佛。佛是劫初轉輪聖王摩訶三磨陀等種閻浮提中智慧威德諸釋子中生貴姓憍曇氏。生時光明遍三千大千世界梵天王持寶蓋釋提桓因以天寶衣承接阿那婆蹋多龍王婆伽多龍王以妙香湯澡浴。生時地六種動行至七步安詳如象王觀視四方作獅子吼。我是末後身當度一切衆生。阿私仙人相之告淨飯王是人足下千輻輪相指合縵網當自於法中安平立無能動無能壞者。手中德字縵網莊嚴當以此手安慰衆生令無所畏。如是

乃至肉骨髻相如青珠山頂青色光明從四邊出。頂中頂相無能見上若天若人無有勝者。白毫眉間峙白光踰頗梨淨眼長廣其色紺青。鼻高直好甚可愛樂。口四十齒白淨利好。四牙上白其光最勝。脣上下等不大不小不長不短舌薄而大輭赤紅色如天蓮華。梵聲深遠聞者悅樂聽無厭足。身色妙好勝閻浮檀金大光周身種種雜色妙好無比。以如是等三十二相具足是人不久出家得一切智成佛佛身功德如是應當念佛。復次佛身功德身力勝於十萬白香象寶是爲父母遺體力若神通功德力無量無限。佛

身以三十二相八十隨形好莊嚴內有無量佛法功德故視之無厭見佛身者忘世五欲萬事不憶若見佛身一處愛樂無厭不能移觀佛身功德如是應當念佛復次佛持戒具足清淨從初發心修戒增積無量與憐愍心俱不求果報不向聲聞辟支佛道不雜諸結使但爲自心清淨不惱衆生故世世持戒以是故得佛道時戒得具足應如是念佛戒衆復次佛定衆具足問曰持戒以身口業清淨故可知智慧以分別說法能除衆疑故可知定者餘人修定尚不可知何況於佛云何得知答曰大智慧具足故當知禪定

必具足譬如見蓮華大必知池亦深大又如燈明大者必知酥油亦多亦以佛神通變化力無量無比故知禪定力亦具足亦如見果大故知因亦必大復次有時佛自爲人說我禪定相甚深如經中說佛在阿頭摩國林樹下坐入禪定是時大雨雷電霹靂有特牛耕者二人聞聲怖死須臾便晴佛起經行有一居士禮佛足已隨從佛後白佛言世尊向者雷電霹靂有四特牛耕者二人聞聲怖死世尊聞不佛言不聞居士言佛時睡耶佛言不睡曰入無心想定耶佛言不也我有心想但入定耳居士言未曾有也諸佛禪

定大為甚深。有心想在禪定。如是大聲。覺而不聞。如餘經中。佛告諸比丘。佛入出諸定。舍利弗目揵連尚不聞其名。何況能知。何者是。如三昧王三昧。師子遊戲三昧等。佛入其中。能令十方世界六種震動。放大光明。化為無量諸佛。遍滿十方。如阿難一時心生念。過去然燈佛時。時世好。人壽長。易化度。今釋迦牟尼佛時世惡。人壽短。難教化。佛事未訖而入涅槃耶。清旦以是事白佛。佛言已。日出。佛時入日出三昧。如日出光明照閻浮提。佛身如是。毛孔普出光明。遍照十方恆河沙等世界。一一光中出七寶千葉蓮華。一一華上皆有坐佛。一一諸佛皆放無量光明。一一光中皆出七寶千葉蓮華。一一華上皆有坐佛。是諸佛等遍滿十方恆河沙等世界。教化眾生。或有說法。或有默然。或以經行。或神通變化。身出水火。如是等種種方便。度脫十方五道眾生。阿難承佛威神。悉見是事。佛攝神足。從三昧起。告阿難。見是事不。聞是事不。阿難言。蒙佛威神。已見已聞。佛言。佛有如是力能究竟佛事不。阿難言。世尊。若眾生滿十方恆河沙等世界中。佛壽一日。用如此力。必能究竟施作佛事。阿難嘆言。未曾有也。世尊。諸佛法無量不可思議。以是故知佛

禪定具足。復次佛慧眾具足。從初發心於阿僧祇劫
中無法不行世世集諸功德。一心專精不惜生命以
求智慧。如薩陀波崙菩薩。復次以善修大悲智慧故
具足慧眾。餘人無是大悲。雖有智慧不得具足。大悲
欲度眾生求種種智慧故。及斷法愛滅六十二邪見
不墮二邊。若受五欲樂若修身苦道若斷滅若計常
若有若無等如是諸法邊。復次佛慧無上徹鑒無比。
從甚深禪定中生故。諸麤細煩惱所不能動故。善修
三十七品四禪四無量心四無色定八背捨九次第
定等諸功德故。有十力四無所畏四無礙智十八不

共法得無礙不可思議解脫故。佛慧眾具足。復次能
降伏外道大論議師。所謂優樓頻螺迦葉。摩訶迦葉。
舍利弗目揵連薩遮尼揵子婆蹉首羅長爪等大論
議師輩皆降伏。是故知佛慧眾具足。復次佛三藏十
二部經八萬四千法聚。見是語言多故知智慧亦大。
譬如一居士清朝見大雨處語眾人言昨夜雨龍其
力甚大。眾人言汝何以知之。答言我見地溼泥多山
崩樹折殺諸鳥獸。以此故知龍力為大。佛亦如是甚
深智慧雖非眼見。雨大法雨諸大論師及釋梵天王
皆以降伏。以是可知佛智慧多。復次諸佛得無礙解

脫故。於一切法中智慧無礙。復次佛此智慧皆清淨出諸觀上。不觀諸法常相無常相有邊相無邊相有去相無去相有相無相有漏相無漏相有爲相無爲相生滅相不生滅相空相不空相常清淨無量如虛空。以是故無礙。若觀生滅者不得觀不生滅。觀不生滅者不得觀生滅。若不生滅實生滅不實。若生滅實不生滅不實。如是等諸觀皆爾。得無礙智故知佛慧衆具足。復次念佛解脫衆具足。佛解脫諸煩惱及習根本拔故解脫眞不可壞。一切智慧成就故名爲無礙解脫成就。八解脫甚深遍得故名爲具足解脫。復次離時解脫及慧解脫故。便具足成就共解脫。成就如是等解脫故名具足解脫衆。復次破魔軍故得解脫。離煩惱故得解脫。離遮諸禪法故得解脫。於諸禪定入出自在無礙故。復次菩薩於見諦道中得深十六解脫。一苦法智相應有爲解脫。二苦諦斷十結盡得無爲解脫。如是乃至道比智。思惟道中得十八解脫。一或比智或法智相應有爲解脫。二斷無色界三思惟結故得無爲解脫。如是乃至第十八盡智相應有爲解脫及一切結使盡得無爲解脫。如是諸解脫和合。名爲解脫衆具足。復次念佛解脫知見衆具足。

解脫知見衆有二種。一者佛於解脫諸煩惱中用盡智自證知。知苦已斷集已證盡已修道已。是爲盡智解脫知見衆。知苦已不復更知。乃至修道已不復更修。是爲無生智解脫知見衆。二者佛知是人入空門得解脫。是人無相門得解脫。是人無作門得解脫。是人無方便可令解脫。是人久久可得解脫。是人不久可得解脫。是人卽時得解脫。是人輭語得解脫。是人苦敎得解脫。是人雜語得解脫。是人見神通力得解脫。是人說法得解脫。是人婬欲多爲增婬欲得解脫是人瞋恚多爲增瞋恚得解脫。如難陀優樓頻騾龍是。如是等種種因緣得解脫。如法眼中說於諸解脫中了了知見。是名解脫知見衆具足。復次念佛一切智。一切見大慈大悲十力四無所畏四無礙智十八不共法等。念如佛所知無量不可思議諸功德。是名念佛。是念在七地中或有漏或無漏。有漏者有報無漏者無報。三根相應樂喜捨根。行得亦果報得。行得者如此間國中學念佛三昧。果報得者如無量壽佛國人生便自然能念佛。如是等如阿毘曇中廣分別。

二念法

念法者。如佛演說。行者應念是法巧出。得今世果無熱惱。不待時。能到善處通達無礙。巧出者。二諦不相違故所謂世諦第一義諦智者不能壞愚者不起諍故是法亦離二邊所謂若受五欲樂若受苦行復離二邊若常若斷若我若無我若有若無如是等二邊不著是名巧出諸外道輩自貴其法毀賤他法故不能巧出得今世果者離愛因緣世間種種苦離邪見因緣種種論議鬥諍身心得安樂如佛說持戒者安樂身心不熱惱臥安覺亦安名聲亦遠聞復次此佛法中因緣展轉生果所謂持戒清淨故心不悔心不悔故生法歡喜法歡喜故身心快樂身心快樂故能攝心攝心故如實知如實知故得厭得厭故離欲離

欲故得解脫得解脫果報得涅槃是名得今世果外道法空行苦無所得如閻浮阿羅漢得道時自說我昔作外道五十有五年但食乾牛屎裸衣臥棘上我受如是辛苦竟無所得不如今得見佛聞法出家三日所作事辦得阿羅漢以是故知佛法得今世果問曰若佛法得今世果何以故佛諸弟子有無所得者答曰行者能如佛所說次第修行無不得報如病人隨良醫教將和治法病無不差若不隨佛教不次第行破戒亂心故無所得非法不良也復次諸未得道者今世雖不得涅槃後世得受福樂漸次當得涅槃

終不虛也。如佛所說其有出家爲涅槃者若遲若疾皆當得涅槃。如是等能得今世果。無熱惱者。熱惱有二種。身惱心惱。身惱者繫縛牢獄拷掠刑戮等。心惱者婬欲瞋恚慳貪嫉妬因緣故生憂愁怖畏等。此佛法中持戒清淨故身無是繫縛牢獄拷掠刑戮等惱心離五欲除五蓋得實道故無是婬欲瞋恚慳貪嫉妬邪疑等惱。無惱故無熱。復次無漏禪定生喜樂遍身受故諸熱則除。譬如人大熱悶得入清涼池中冷然清了無復熱惱。復次諸煩惱若屬見若屬愛是名熱。佛法中無此故名無熱惱。不待時者。佛法不待時而行亦不待時與果。外道法日未出時受法日出時不受法。或有日出時受日未出不受。有晝受夜不受。有夜受晝不受。佛法中無受待時隨修八聖道時便得涅槃。譬如火得薪便然。無漏智慧生時便能燒諸煩惱不待時也。問曰。如佛說有時藥時衣時食。若人善根未熟待時當得。何以言無時。答曰。此時者隨世法爲佛法久住故結時戒。若爲修道得涅槃及諸禪定智慧微妙法不待時也。諸外道法皆待時節。佛法但待因緣具足。若雖持戒禪定而智慧未成就不能成道。若持戒禪定智慧皆成就便得果不復待時。復

次久久得果名爲時卽時得不名時。譬如好染一入
便成。心淨人亦如是聞法卽染得法眼淨。是名不待
時。能到善處者。是三十七無漏道法能將人到涅槃
譬如入恆河必得至大海。諸餘外道法非一切智人
所說。邪見襍故將至惡處。或將至天上還墮受苦。皆
無常故不名善處。問曰。無有將去者。云何得將至善
處。答曰。雖無將去者。但諸法能將諸法去。無漏善五
衆斷五衆中彊名衆生將去入涅槃。如風吹塵如水
漂草。雖無將去者而可有去。復次因緣和合無有作
亦無有將去者而果報屬因緣不得自在。是卽名爲

去。通達無礙者。得佛法印故通達無礙。如得王印則
無所留難。問曰。何等是佛法印。答曰。佛法印有三種
一者一切有爲法念念生滅皆無常。二者一切法無
我。三者寂滅涅槃。行者知三界皆是有爲生滅作法。
先有今無今有後無念念生滅相續相似生故可得
見知。如流水燈炎長風相似相續故人以爲一。衆生
於無常法中常顚倒故謂去者常住。是名一切作法
無常印。一切法無我。諸法內無主無作者無知無見
無生者無造業者。一切法皆屬因緣。屬因緣故不自
在。不自在故無我。我相不可得故。如破我品中說。是

名無我印。問曰。何以故但作法無常一切法無我。答曰。不作法無因無緣故不生不滅不生不滅故不名爲無常。復次不作法中不生心著顛倒。以是故不說是無常可說言無我有人說神是常徧知相。以是故說一切法中無我。寂滅者是涅槃三毒三衰火滅故名爲寂滅印。問曰寂滅印中何以但一法不多說。答曰。初印中說五衆。二印中說一切法皆無我第三印中說二印果是名寂滅印。一切作法無常則破我所外五欲等。若說無我破內我法。我所破故是名寂滅涅槃。行者觀作法無常便生厭世苦既知厭苦存著

觀主謂能作是觀。以是故有第二法印知一切無我。於五衆十二入十八界十二因緣中內外分別推求觀主不可得。不可得故是一切法無我。作如是知已不作戲論無所依止但歸於滅。以是故說寂滅涅槃印。問曰。摩訶衍中說諸法不生不滅一相所謂無相。此中云何說一切有爲作法無常名爲法印。二法云何不相違。答曰。觀無常卽是觀空因緣如觀色念念無常卽知爲空。過去色滅壞不可見故無色相未來色不生無作無用不可見故無色相現在色亦無住不可見不可分別知故無色相無色相卽是空空卽

是無生無滅無生無滅及生滅其實是一說有廣略。問曰過去未來色不可見故無色相現在色住時可見云何言無色相答曰現在色亦無住時如四念處中說若法後見壞相當知初生時壞相以隨逐微細故不識如人著屐若初日新而無有故後應常新不應有故若無故應是常常故無罪無福無罪無福故則道俗法亂復次生滅相常隨作法無有住時若有住時則無生滅以是故現在色無有住住中亦有生滅是一念中住亦是有爲法故是名通達無礙如是應念法復次法有二種一者佛所演說三藏十二部八萬四千法聚二者佛所說法義所謂持戒禪定智慧八聖道及解脫果涅槃等行者先當念佛所演說次當念法義念佛所演說者佛語美妙皆眞實有大饒益佛所演說亦深亦淺觀實相故深巧說故淺重語無失各各有義故佛所演說住四處有四種功德莊嚴一慧處二諦處三捨處四滅處有四種答故不可壞一定答二解答三反問答四置答佛所演說或時聽而遮或時遮而聽或聽而不遮或遮而不聽此四皆順從無違佛說得諸法相故無戲論有義理說故破有無論佛演說隨順第一義雖說世間法亦無咎與二諦不相違故隨順利益說於清淨人中爲美妙於不淨人中爲苦惡於美語苦語中亦無過罪佛語皆隨善法亦不著善法雖是垢法怨家亦不以爲高雖種種有所訶亦無有訶罪雖種種讚法亦無所依止佛言說中亦無增無減或略或廣佛語初善久久研求亦善佛語雖多義味不薄雖種種襍語義亦不亂雖能引人心亦不令人生愛著雖殊異高顯亦不令人畏難雖偏有所到凡小人亦不能解佛語如是有種種希有事能令人衣毛爲豎汗流氣滿身體戰懼亦能令諸天心厭聲滿十方六種震地亦能令

人於無始世界所堅著者能令捨所不堅著者能令樂佛語罪惡人聞之自有罪故憂怖熱惱善一心精進入道人聞如服甘露味初亦好中亦好後亦好復次多會衆中各各欲有所問佛以一言答各各得解各各自見佛獨爲我說於大衆中雖有遠近聞者聲無增減滿三千大千世界乃至十方無量世界應度者聞不應度者不聞譬如雷霆震地聾者不聞聰者得悟如是種種念佛言語何等是法義信戒捨聞定慧等爲道諸善法及三法印如通達中說一切有爲法無常一切法無我寂滅涅槃是名佛法義是三印

一切論議師所不能壞雖種種多有所說亦無能轉諸法性者如冷相無能轉令熱諸法性不可壞假使人能傷虛空是諸法印如法不可壞聖人知是三種法相於一切依止邪見各鬬諍處得離譬如有目人見群盲諍種種色相愍而笑之不與共諍問曰佛說聲聞法有四種實摩訶衍中有一實今何以說三實答曰佛說三種實法印廣說則四種略說則一種無常即是苦諦集諦道諦說無我則一切法說寂滅涅槃即是盡諦復次有爲法無常念念生滅故皆屬因緣無有自在無有自在故無我無常無我無相故心不著無相不著故即是寂滅涅槃以是故摩訶衍法中雖說一切法不生不滅一相所謂無相無相即寂滅涅槃是念法三昧緣智緣盡諸菩薩及辟支佛功德問曰何以故念佛但緣佛身中無學諸功德念僧三昧緣佛弟子身中諸學無學法餘殘善無漏法皆念法三昧所緣答曰迦旃延尼子如是說摩訶衍人說三世十方諸佛及諸佛從初發意乃至法盡於其中間所作功德神力皆是念佛三昧所緣如佛所說及所說法義從一句一偈乃至八萬四千法聚信戒捨聞定智慧等諸善法乃至無餘涅槃皆是念法三

昧所緣諸菩薩辟支佛及聲聞衆除佛餘殘一切聖衆及諸功德是念僧三昧所緣。

念僧者（三念僧）是佛弟子衆戒衆具足禪定衆智慧衆解脫衆解脫知見衆具足四雙八輩應受供養恭敬禮事是世間無上福田行者應念如佛所讚僧若聲聞僧若辟支佛僧若菩薩僧功德是聖僧五衆具足如上說問曰先以五衆讚佛云何復以五衆讚僧答曰隨弟子所得五衆而讚具足具足有二種一者實具足二者名具足如弟子所可應得者盡得而讚是名具足如佛所得而讚是實具足復次爲欲異於外道出

家衆在家衆故作如是讚外道在家衆讚其富貴豪尊勢力出家衆讚其邪見苦行染著智慧執論諍競念僧衆中或有持戒禪定智慧等少不足稱以是故佛自讚弟子衆一切功德根本住處戒衆具足乃至解脫知見衆具足住是戒衆中不傾動引禪定弓放智慧箭破諸煩惱賊得解脫於是解脫中生知見譬如健人先安足挽弓放箭能破怨敵得出二怖免罪於王拔難於陣決了知見賊已破滅心生歡喜是故以五衆讚應供養者五衆功德具足故如富貴豪勢之人人所宗敬佛弟子衆亦如是有淨戒禪定智慧

財富解脫解脫知見勢力故應供養恭敬合掌禮事。世間無上福田者。施主有二種。貧者富者。貧者禮事恭敬迎送而得果報。富者亦能恭敬禮事迎送。又以財物供養而得果報。是故名爲世間無上福田。譬如良田。耕治調柔。以時下種溉灌豐渥。所獲必多。衆僧福田亦復如是。以智慧犂耕出結使根。以四無量心磨治調柔。諸檀越下信施穀子。溉以念施恭敬清淨心水。若今世若後世得無量世間樂及得三乘果。如薄拘羅比丘。鞞婆尸佛時以一訶梨勒果供養衆僧。九十一劫天上人中受福樂果。常無疾病。今値釋迦牟尼佛出家漏盡得阿羅漢。如沙門二十億。鞞婆尸佛時作一房舍。以物覆地供養衆僧。九十一劫天上人中受福樂果。足不蹈地。生時足下毛長二寸柔軟淨好。父見歡喜。與二十億兩金。見佛聞法得阿羅漢。於諸弟子中精進第一。如是等少施得大果報。是故名世間無上福田。僧中有四雙八輩者。佛所以說世間無上福田。以有此八輩聖人。故名無上福田。問曰。如佛告給孤獨居士。世間福田應供養者有二種。若學人若無學人。學人十八。無學人有九。今此中何以故但說八。答曰。彼廣說故十八及九。今此略說故八。

彼二十七聖人此八皆攝信行法行或向須陀洹攝或向斯陀含攝或向阿那含攝家家向斯陀含攝。一種向阿那含攝。五種阿那含向阿羅漢攝信行法行入思惟道名信解脫見得是信解脫見得十五學人攝。九種福田阿羅漢攝。復次行者應念僧僧是我趣涅槃之眞伴。一戒一見如是應歡喜一心恭敬順從無違。我先伴種種衆惡妻子奴婢人民等是入三惡道伴今得聖人伴安隱至涅槃佛如醫王法如良藥僧如瞻病人。我當得清淨持戒正憶念。如佛所說法藥我當順從僧是我斷諸結病中一因緣所謂瞻病人是故當念僧。復次僧有無量戒禪定智慧等具足。其德不可測量。如一富貴長者信樂僧白僧執事。我次第請僧於舍食。日日次請乃至沙彌執事不聽沙彌受請諸沙彌言以何意故不聽沙彌答言以檀越不喜請年少故便說。偈言鬚髮白如雪。齒落皮肉皺僂步形體羸樂請如是輩。諸沙彌等皆是大阿羅漢如打師子頭欻然從座起而說偈言檀越無智人。見形不取德。捨是少年相但取老瘦黑。上尊耆年之相者如佛說偈所謂長老相。不必以年耆形瘦鬚髮白。空老內無德能捨罪福果。精進行梵行已離一切法是名爲長老。是時諸沙彌復作是念。我等不應坐觀此檀越品量僧好惡。即復說偈讚歎呵罵中。我等心雖一。是人毀佛法。不應不教誨。當疾到其舍。以法教語之。我等不度者。是則爲棄物。卽時諸沙彌自變其身皆成老年。鬚髮白如雪。秀眉垂覆眼。皮皺如波浪。其脊曲如弓。兩手負杖行。次第而受請。舉身皆振掉。行止不自安。譬如白楊樹。隨風而搖動。檀越見此輩。歡喜迎入坐。坐已須臾頃。還復年少形。檀越驚怖言。如是耆老相。還變成少身。如服還年藥。是事何由然。諸沙彌言。汝莫生疑畏。我等非非人。汝欲平量僧。是事甚可傷。我等相憐愍。故現如是化。汝當深識之。聖衆不可量。如說。譬如以蚊觜。猶可測海底。一切天與人。無能量僧者。僧以功德貴。猶尚不分別。而汝以年歲稱量諸大德。大小生於智。不在於老少。有智勤精進。雖少而是老。懈怠無智慧。雖老而是少。汝今平量僧。是則爲大失。如欲以一指。測知大海底。爲智者之所笑。汝不聞佛說四事雖小而不可輕。太子雖小當爲國王。是不可輕。蛇子雖小。毒能殺人。亦不可輕。小火雖微。能燒山野。又不可輕。沙彌雖小。得聖神通最不可輕。又有四種人。如菴羅果。生而似熟。熟而似生。

生而似生熟而似熟。佛弟子亦如是。有聖功德成就而威儀言語不似善人。有威儀言語似善人而聖功德不成就。有威儀語言不似善人。聖功德未成就。有威儀語言似如善人而聖功德成就。汝云何不念是言而欲稱量於僧。汝若欲毀僧。則爲是自毀。汝爲大失。已過事不可追。方來善心除去諸疑悔。聽我所說偈。聖衆不可量。難以威儀知。不可以族姓。亦不以多聞。亦不以威德。又不以耆年。亦不以嚴容。復不以辯言。聖衆大海水。功德故甚深。佛以百事讚。是僧施之雖少得果多。是第三寶聲遠聞。以是故應供養僧。不

應分別是老少。多知少聞及明闇。如人觀林不分別。伊蘭瞻蔔及薩羅。汝欲念僧當如是。不應以愚分別聖。摩訶迦葉出家時。納衣價直十萬金。欲作乞人下賤服。更求麤弊不能得。聖衆僧中亦如是。求索最下小福田。能教施者十萬倍。更求不如不可得。衆僧大海中結戒爲畔際。若有破戒者。終不在僧數。譬如大海水。不共死尸宿。檀越聞是事。見是神通力。身驚毛豎。合手白諸沙彌言。諸聖人。我今懺悔。我是凡夫人心常懷罪。我有少疑。今欲請問而說偈言。大德已過疑。我今得遭遇。若復不諮問。則是愚中愚。諸沙彌言

汝欲問者便問。我當以所聞答。檀越問言。於佛寳中信心淸淨。於僧寳中信心淸淨。何者福勝。答言。我等初不見僧寳佛寳有增減。何以故。佛一時舍婆提乞食。有婆羅門姓婆羅埵逝。佛數數到其家乞食。心作是念。是沙門何以來數數如負其債。佛時說偈。時雨數數墮。五穀數數成。數數修福業。數數受果報。數數受生法。故受數數死。聖法數數成。誰數數生死。婆羅門聞是偈已作是念。佛大聖人具知我心。慚愧取鉢入舍盛滿美食以奉上佛。佛不受作是言。我爲說偈故得此食。我不食也。婆羅門言。是食與誰。佛言。我不見天及人能消是食者。汝持去置少草地。若無蟲水中。卽如佛教持食著無蟲水中。水卽大沸煙火俱出如投大熱鐵。婆羅門見已驚怖言。未曾有也。乃至食中神力如是。還到佛所頭面禮佛足懺悔乞出家受戒。佛言善來。卽時鬚髮自墮便成沙門。漸漸斷結得阿羅漢道。復有摩訶憍曇彌以金色上下衣寶奉佛。佛知衆僧堪能受用。告憍曇彌以此上下衣與衆僧。以是故知佛寶僧寶福無多少。檀越言。若爲佛布施僧能消。能受。何以故。婆羅埵逝婆羅門食佛不教令僧食。諸沙彌答。爲顯僧大力故。若不見食在水中有大神力者無以知僧力爲大。若爲佛施物而僧得受。便知僧力爲大。譬如藥師欲試毒藥。先以與雞。雞卽時死。然後自服。乃知藥師威力爲大。是故檀越當知若人愛敬佛。亦當愛敬僧。不當有分別。同皆爲寶故。爾時檀越聞說是事。歡喜言。我某甲從今日若有入僧數中。若小若大。一心信敬。不敢分別。諸沙彌言。汝心信敬於無上福田。不久當得道。何以故。多聞及持戒智慧禪定者。皆入僧數中。如萬川歸海。譬如衆藥草依止於雪山。百穀諸草木皆依止於地。一切諸善人皆在僧數中。復次汝等曾聞佛爲長鬼神將軍讚三善男子阿泥盧陀難提迦翅彌羅不。佛言若一切世間天及人一心念三善男子。長夜得無量利益。以是事故。倍當信敬僧。是三人不名僧。佛說念三人有如是果報。何況一心清淨念僧。是故檀越當任力念僧名。如說偈。是諸聖人衆。則爲雄猛軍。摧滅魔王賊。是伴至涅槃。諸沙彌爲檀越種種說僧聖功德。檀越聞已。擧家大小皆見四諦。得須陀洹道。以是因緣故。應當一心念僧。

四念戒

念戒者。戒有二種。有漏戒無漏戒。有漏復有二種。一者律儀戒。二者定共戒。行者初學念是三種戒。學三種已但念無漏戒。是律儀戒能令諸惡不得自在枯朽折滅。禪定戒能遮諸煩惱何以故得內樂故不求世間樂。無漏戒能拔諸惡煩惱根本。問曰。云何念戒答曰。如先說念僧中佛如醫王法如良藥僧如瞻病人戒如服藥禁忌行者自念我若不隨禁忌三寶於我爲無所益。又如導師指示好道。行者不用導師無咎以是故我應念戒復次是戒一切善法之所住處譬如百穀藥木依地而生持戒清淨能生長諸深禪定實相智慧亦是出家人之初門。一切出家人之所依仗到涅槃之初因緣如說持戒故心不悔乃至得

解脫涅槃。行者念清淨戒。不缺戒。不破戒。不穿戒。不襍戒。自在戒。不著戒。智者所讚戒。無諸瑕隙名爲清淨戒。云何名不缺戒。五衆戒中除四重戒犯諸餘重者是名缺。犯餘罪是爲破。復次身罪名缺口罪名破。復次大罪名缺小罪名破。善心迴向涅槃不令結使種種惡覺觀得入是名不穿爲涅槃爲世間向二處是名爲襍隨戒不隨外緣如自在人無所繫屬持是淨戒不爲愛等所拘是爲自在戒。於戒不生愛慢等諸結使知戒實相亦不取是戒。若取是戒譬如人在囹圄桎梏所拘雖得赦而復爲金鏁所繫。人爲恩

愛煩惱所繫如在牢獄雖得出家愛著禁戒如著金鏁。行者若知戒是無漏因緣而不生著是則解脫無所繫縛是名不著戒。諸佛菩薩辟支佛及聲聞所讚戒若行是戒用是戒是名智所讚戒。外道戒者牛戒鹿戒狗戒羅刹鬼戒啞戒聾戒如是等戒智所不讚唐苦無善報。復次智所讚者於三種戒中無漏戒不破不壞依此戒得實智慧是聖所讚戒。無漏戒有三種如佛說正語正業正命是三業義如八聖道中說。是中應廣說問曰。若持戒是禪定因緣禪定是智慧因緣八聖道中何以慧在前戒在中定在後。答曰行

路之法應先以眼見道而後行行時當精勤精勤行時常念如導師所教念已一心進路不順非道正見亦如是。先以正智慧觀五受衆皆苦是名苦苦從愛等諸結使和合生是名集愛等結使滅是名涅槃如是等觀八分名爲道是名正見行者是時心定知世間虛妄可捨涅槃實法可取決定是事是名正見知見是事心力未大未能發行思惟籌量發動正見令得力是名正思惟智慧既發欲以言宣故次正語正業正命。戒行時精進不懈不令住色無色定中是名正方便用是正見觀四諦常念不忘念一切煩惱是

賊應當捨正見等是我眞伴應當隨。是名正念。於四諦中攝心不散不令向色無色定中一心向涅槃。是名正定。是初得善有漏名爲煖法頂法忍法中義次第增進。初中後。心入無漏心中疾一心中具無有前後分別次第。正見相應正思惟正方便正念正定三種戒隨是五分行。正見分別好醜利益爲事。正思惟發動正見爲事。正語等持是智慧諸功德不令散失。正方便驅策令速進不息。正念七事所應行者憶而不忘。正定令心清淨不濁不亂令正見七分得成。如無風房中燈則照明了了。如是無漏戒在八聖道中

亦爲智者所讚。問曰。有漏戒應爲智者所讚有漏戒何以讚。答曰。有漏戒似無漏隨無漏同行因緣。是故智者合讚。如賊中有人叛來歸我彼雖是賊今來向我我當由之可以破賊何可不念。諸煩惱賊在三界城中住有漏戒善根若煖法頂法忍法世間第一法與餘有漏法異故行者受用。以是因緣故破諸結使賊得苦法忍無漏法財。以是故智者所讚是名念戒。

五念捨

念捨者有二種捨。一者施捨二者捨諸煩惱。施捨有二種。一者財施二者法施。施三種捨和合名爲捨財施是一切善法根本故行者作是念。上四念因緣故得

差煩惱病今以何因緣故得是四念則是先世今世
於三寶中少有布施因緣故所以者何衆生於無始
世界中不知於三寶中布施故福皆盡滅是三寶有
無量法是故施亦不虛必得涅槃復次過去諸佛初
發心時皆以多少布施爲因緣如佛說是布施是初
助道因緣復次人命無常財物如電若人不乞猶尚
應與何況乞而不施以是應施作助道因緣復次財
物是種種煩惱罪業因緣若持戒禪定智慧種種善
法是涅槃因緣以是故財物常應自棄何況好福田
中而不布施譬如有兄弟二人各擔十斤金行道中

更無餘伴兄作是念我何以不殺弟取金此曠路中
人無知者弟復生念欲殺兄取金兄弟各有惡心語
言視瞻皆異兄弟即自悟還生悔心我等非人與禽
獸何異同生兄弟而爲少金故而生惡心兄弟共至
深水邊兄以金投著水中弟言善哉善哉弟尋復棄
金水中兄復言善哉善哉兄弟更互相問何以言善
哉各答言我以此金故生不善心欲相危害今得棄
之故言善哉二辭各爾以是故知財爲惡心因緣常
應自捨何況施得大福而不布施如說施名行寶藏
亦爲善親友始終相利益無有能壞者施爲好密蓋

能遮饑渴雨施爲堅牢船能度貧窮海慳爲凶衰相爲之生憂畏洗之以施水則爲生福利慳惜不衣食終身無歡樂。雖云有財物與貧困無異慳人之室宅譬如丘冢墓求者遠避之終無有向者如是慳貪人智者所擯棄命氣雖未盡與死等無異慳人無福慧於施無堅要臨當墮死坑戀惜生懊恨涕泣當獨去憂悔火燒身好施者安樂終無有是苦。人修布施者名聞滿十方智者所愛敬入衆無所畏命終生天上久必得涅槃。如是等種種訶慳貪讚布施是名念財施。云何念法施行者作是念法施利益甚大法施因

緣故一切佛弟子等得道。復次佛說二種施中法施爲第一。何以故財施果報有量法施果報無量財施欲界報法施三界報亦出三界報。若不求名聞財利力勢但爲學佛道宏大慈悲度衆生生老病死苦是名清淨法施若不爾者爲如市易法。復次財施施多財物減少。法施施多法更增益財施是無量世中舊法。法施聖法初來難得名爲新法。財施但能救諸饑渴寒熱等病法施能除九十八諸煩惱等病。如是等種種因緣分別財施法施。行者應念法施問曰。何等是法施答曰。佛所說十二部經清淨心爲福德與他

說是名法施復有以神通力令人得道亦名法施如網明菩薩經中說有人見佛光明得道者生天者如是等雖口不說令他得法故亦名法施是法施應觀衆生心性煩惱多少智慧利鈍應隨所利益而爲說法譬如隨病服藥則有益有婬欲重有瞋恚重有愚癡重有兩兩襍三三襍婬重者爲說不淨觀瞋重者爲說慈心癡重者爲說深因緣兩襍者說兩觀三襍者說三觀若人不知病相錯投藥者病則爲增若著衆生相爲說但有五衆此中無我若言無衆生相卽爲說五衆相續有不令墮斷滅故求富樂者爲說布施欲生天者爲說持戒人中多所貧乏者爲說天上事惱患居家者爲說出家法著錢財居家者爲說在家五戒法若不樂世間爲說三法印無常無我涅槃依隨經法自演作義理譬喩莊嚴法施爲衆生說如是等種種利益故當念法施捨煩惱者三結乃至九十八使等皆斷除卻是名爲捨念捨是法如捨毒蛇如捨桎梏得安隱歡喜復次念捨煩惱亦入念法中問曰若入念法中今何以更說答曰捨諸煩惱是法微妙難得無上無量是故更別說復次念法與念捨異念法念佛法微妙諸法中第一念捨念諸煩惱罪

惡捨之爲快行相別是爲異。如是等種種因緣行者當念捨念捨者是初學禪智中畏生增上慢。

六念天

念天者有四天王天乃至他化自在天。問曰。佛弟子應一心念佛及佛法何以念天。答曰。知布施業因緣果報故受天上福樂以是因緣故念天。復次是八念佛自說因緣念天者應作是念有四天王天是天五善法因緣故生彼中信罪福受持戒聞善法修布施學智慧我亦有是五法以是故歡喜言天以是五法故生富樂處我亦有是我欲生彼亦可得生我以天福無常故不受乃至他化自在天亦如是。問曰。三界中清淨天多何以故但念欲天。答曰。聲聞法中說念欲界天。摩訶衍中說念一切三界天。行者未得道時或心著人間五欲以是故佛說念天。若能斷婬欲則生上二界天中若不能斷婬欲則生六欲天中是中有妙細清淨五欲佛雖不欲令人更生受五欲有衆生不任入涅槃爲是衆生故說念天。如國王子在高危處立不可救護欲自投地。王使人敷厚綿褥墮則不死差於墮地故。復次有四種天名天生天淨天淨生天。名天者如今國王名天子。生天者從四天王天乃至非有想非無想天。淨天者人中生諸聖人。淨生天者三界天中生諸聖人。所謂須陀洹家家斯陀含一種。或於天上得阿那含阿羅漢道淨生天色界中有五種阿那含不還世間即於彼得阿羅漢。無色界中一種阿那含離色界生無色界是中修無漏道得阿羅漢入涅槃。念是二種天生天淨生天。如是等天。是名念天。

七念安 念安那般那者。如禪經中說。

八念死 念死者。有二種死。一者自死二者他因緣死是二種死行者常念。是身若他不殺必當自死。如是有為法中不應彈指頃生信不死。心是身一切時中皆有死

不待老。不應持是種種憂惱凶衰身生心望安隱不死是心癡人所生。身中四大各各相害如人持毒蛇篋。云何智人以為安隱。若出氣保當還入。入息保出。睡眠復得還覺。是皆難必。何以故是身內外多怨故。如說或有胎中死。或有生時死。或年壯時死。或老至時死。亦如果熟時種種因緣墮當求免離此死惡之怨賊。是賊難可信。搭時則安隱假使大智人。威德力無上無前亦無後於今無脫者亦無巧辭謝無請求得脫亦無捍格處。可以得免者。亦非持淨戒精進可以脫。死賊無憐愍。來時無避處是故行者不應於無

常危脆命中而信望活如佛爲比丘說死想義有一比丘偏袒白佛我能修是死想佛言汝云何修比丘言我不望過七歲活佛言汝爲放逸修死想有比丘言我不望過七月活有比丘言七日有言六五四三二一日活佛言汝等皆是放逸修死想有言從旦至食時有言一食頃佛言汝等亦是放逸修死想一比丘偏袒白佛我於出氣不望入於入氣不望出佛言眞是修死想爲不放逸比丘一切有爲法念念生滅住時甚少其猶如幻欺誑無智行者如是等種種因緣念死想問曰法是三世諸佛師何以故念佛在前

是八念云何有次第答曰是法雖是十方三世諸佛師佛能演出是法其功大故譬如雪山中有寶山寶山頂有如意寶珠種種寶物多有人欲上或有半道還者有近而還者有一大德國王憐愍衆生爲作大梯人民大小乃至七歲小兒皆得上山隨意取如意珠等種種寶物佛亦如是世間諸法實相寶山九十六種異道皆不能得乃至梵天王求諸法實相亦不能得何況餘人佛以大慈悲憐愍衆生故具足六波羅蜜得一切智慧方便說十二部經八萬四千法聚梯阿若憍陳如舍利弗目揵連摩訶迦葉乃至七歲

沙彌蘇摩等皆得諸無漏法根力覺道實相雖微妙一切眾生皆蒙佛恩故得。以是故念佛在前。次第念法。次第念僧。僧隨佛語能解法故。第三。餘人不能解僧能得解以是故稱爲寶。人中寶者是佛。九十六種道法中寶者是佛法。一切眾中寶者是僧。復次以佛因緣故法出世間。以法因緣故有僧。行者念我云何當得法寶得在僧數中。當除卻一切麤細身口惡業。是故次第說持戒。復次云何分別有七眾。以有戒故。欲除心惡破慳貪故念捨。欲令受者得樂故破瞋恚。信福得果報故破邪見。住持戒布施法中則爲住十

善道中離十不善道。十善道有二種果。若上行得淨天中生。中行得生天。以是故戒施次第念天。行禪定故得二種天。滅諸惡覺但集善法攝心一處。是故念天次第念安那般那。念安那般那能滅諸惡覺如雨淹塵。見息出入知身危脆由息入出身得存立。是故念入出息次第念死。復次行者或時恃有七念著此功德懈怠心生。是時當念死。死事常在前云何當懈怠著此法愛。如阿那律佛滅度時說。有爲法如雲。智者不應信。無常金剛來。破聖主山王。是名八念次第。問曰。是說聲聞八念菩薩八念有何差別。答曰。聲聞

爲身故菩薩爲一切衆生故聲聞但爲脫老病死故菩薩爲徧具足一切功德故是爲差別。復次佛是中亦說。告舍利弗菩薩摩訶薩以不住法住般若波羅蜜中。應具足檀波羅蜜乃至應具足八念。不可得故。初有不住。後有不可得。有此二印以是故異。不住不可得義如先說。

大般若經第二分空性品

爾時具壽善現白佛言世尊若諸法等平等之性皆本性空此本性空於一切法非能所作云何菩薩摩訶薩行深般若波羅蜜多時不動勝義以四攝事饒益有情佛告善現如是如是一切法等平等之性皆本性空此本性空於一切法非能所作然諸菩薩能爲有情以布施等作饒益事若諸有情自知諸法皆本性空則諸如來及諸菩薩不現神通作希有事謂於諸法本性空中雖無所動而令有情遠離種種妄想顛倒謂令有情遠離我想有情想乃至知者見者想亦令遠離色乃至識想眼處乃至意處想色處乃至法處想眼界乃至意界想色界乃至法界想眼識界乃至意識界想眼觸乃至意觸想眼觸爲緣所生諸受乃至意觸爲緣所生諸受想地界乃至識界想無明乃至老死想亦令遠離有爲界住無爲界解脫一切生老病死無爲界者卽諸法空依世俗說名無爲界具壽善現復白佛言由何空故說諸法空佛告善現由想空故說諸法空復次善現於意云何若變化身復作化事此有實事而不空耶善現對曰諸所變化都無實事一切皆空佛告善現變化與空如是

二法非合非散此二俱以空空故空不應分別是空是化所以者何非空性中有空有化二事可得以一切法畢竟空故復次善現無色非化無受想行識非化諸是化者無不皆空餘法有情應知亦爾具壽善現復白佛言蘊界處等世間諸法及諸有情可皆是化四念住等出世間法及諸有情豈亦是化佛告善現一切世間出世法等無非是化然於其中有聲聞化有獨覺化有菩薩化有如來化有煩惱化有諸業化由此因緣我說一切皆如變化等無差別具壽善現復白佛言一切斷界所謂預流一來不還阿羅漢

果獨覺如來永斷煩惱習氣相續豈亦是化佛告善現如是諸法若與生滅二相合者亦皆是化具壽善現復白佛言何法非化佛告善現若法不與生滅相合是法非化具壽善現復白佛言何法不與生滅相合佛告善現不虛誑法即是涅槃此法不與生滅相合是故非化具壽善現白佛言如世尊說平等法性一切皆空無能動者無二可得無有少法非自性空如何涅槃可說非化佛告善現如是如是如汝所說無有少法非自性空此自性空非聲聞作非獨覺作非菩薩作非如來作亦非餘作有佛無佛其性常

空。此卽涅槃。是故我說涅槃非化非實有法名爲涅槃可說無生無滅非化。復次善現。我爲新學諸菩薩說涅槃非化非別實有不空涅槃。是故不應執此爲難。爾時善現便白佛言。云何方便教誡教授新學菩薩令知諸法自性常空。佛告善現。豈一切法先有後無而不常空。然一切法先旣非有後亦非無自性常空不應驚怖。應作如是方便善巧教誡教授新學菩薩令知諸法自性常空。時薄伽梵說是經已無量菩薩摩訶薩衆慈氏菩薩而爲上首具壽善現及舍利子大採菽氏 大迦葉波阿難陀等諸大聲聞及諸天龍阿素洛等 一切大衆聞佛所說皆大歡喜信受奉行。

大智度論般若波羅蜜

問曰云何名般若波羅蜜答曰諸菩薩從初發心求一切種智於其中間知諸法實相慧是般若波羅蜜問曰若爾者不應名爲波羅蜜何以故未曾到智慧邊故答曰佛所得智慧是實波羅蜜因是波羅蜜故菩薩所行亦名波羅蜜因中說果故是般若波羅蜜在佛心中變名爲一切種智菩薩行智慧求度彼岸故名波羅蜜佛已度彼岸故名一切種智問曰佛一切諸煩惱及習已斷智慧眼淨應如實得諸法實相諸法實相卽是般若波羅蜜菩薩未盡諸漏慧眼未

淨云何能得諸法實相答曰此義後品中當廣說今但略說如人入海有始入者有盡其源底者深淺雖異俱名爲入佛菩薩亦如是佛則窮盡其底菩薩未斷諸煩惱習勢力少故不能深入如後品中說譬喻如人於暗室燃燈照諸器物皆悉分了更有大燈益復明審則知後燈所破之暗與前燈合住前燈雖與暗共住而亦能照物若前燈無暗則後燈無所增益諸佛菩薩智慧亦如是菩薩智慧雖與煩惱習合而能得諸法實相亦如前燈亦能照物佛智慧盡諸煩惱習亦得諸法實相如後燈倍復明了問曰云何是

諸法實相。答曰：衆人各各說諸法實相，自以爲是。此中實相者，不可破壞，常住不異，無能作者。如後品中佛語須菩提：若菩薩觀一切法非常非無常、非苦非樂、非我非無我、非有非無等，亦不作是觀，是名菩薩行般若波羅蜜。是義捨一切觀，滅一切言語，離諸心行，從本已來不生不滅，如涅槃相。一切諸法相亦如是，是名諸法實相。如讚般若波羅蜜偈言：

能所觀
般若波羅蜜（所法）　實法不顛倒（能人）　念想觀已除
言語法亦滅　無量衆罪除　清淨心常一
如是尊妙人　則能見般若　如虛空無染

無戲觀
無戲無文字　若能如是觀　是卽爲見佛。
三德觀
若如法觀佛　般若及涅槃　是三則一相
其實無有異。諸佛及菩薩　能利益一切
出生
般若爲之母　能出生養育。佛爲衆生父
般若能生佛。是則爲一切　衆生之祖母。
異名
般若是一法　佛說種種名　隨諸衆生力
無諍
爲之立異字。若人得般若　議論心皆滅
威德
譬如日出時　朝露一時失。般若之威德
能動二種人　無智者恐怖　有智者歡喜。
不著
若人得般若　則爲般若主。般若中不著

無來去

何況於餘法。　般若無所來　亦復無所去。
智者一切處　求之不能得。　若不見般若

見縛解

是則爲被縛　若人見般若　是亦名被縛。
若人見般若　是則得解脫　若不見般若
是亦得解脫。　是事爲希有　甚深有大名

見如幻

譬如幻化物　見而不可見。　諸佛及菩薩

三乘

聲聞辟支佛　解脫涅槃道　皆從般若得。

假說

言說爲世俗　憐愍一切故　假名說諸法
雖說而不說。　般若波羅蜜　譬如大火炎

不取取

四邊不可取　無取亦不取。　一切取已捨

是名不可取。　不可取而取　是即名爲取。
般若無壞相　過一切言語　適無所依止

叵讚讚

誰能讚其德。　般若雖叵讚　我今能得讚
雖未脫死地　則爲已得出。

瑜伽師地論勝義伽他

都（還增 還滅）無有主宰　及作者受者　諸法亦無用。
而用轉（法有）非無。　唯（諸法）十二有支　蘊處界流轉。
審思此一切　衆生不可得。　於內及於外
是一切皆空。　其能修空者　亦常無所有。
（聖凡）我我定非有　由顛倒妄計。　有情我皆無。
（染淨成就）唯有因法有。（用轉）　諸行皆刹那　住尚無況用。（七無用　一無作用）
即說彼生起（用轉）　爲用爲作者。　眼不能見色
耳不能聞聲　鼻不能齅香　舌不能嘗味
身不能覺觸　意不能知法。　於此亦無能（二無隨轉）
任持驅役者。（五無轉移）　法不能生他。（三無生他）　亦不能自生。（四無自生）
衆緣有故生　非故新新有。　法不能滅他。（六無滅他）
亦不能自滅。（七無自滅）　衆緣有故生　生已自然滅。（滅不待緣）
由二品爲依（在家 出家）　是生便可得。　恆於境放逸
又復邪升進。　愚癡之所漂　彼遂邪升進。（生染依因）
諸貪愛所引　於境常放逸。　由有因諸法（無明至受）
衆苦亦復然（愛至老死）　根本二惑故（惑）　十二支分二。
（業）自無能作用　亦不由他作　非餘能有作
而作用非無。　非內亦非外（生染時分　未不生）　非二種中間
由行未生故　有時而可得。　設諸行已生

淨空　隨順　內果

由此故無得　未來無有相。（過生）過去可分別。
（現生）分別曾所更　非曾亦分別。行雖無有始
然有始可得。（觀自相）諸色如聚沫　諸受類浮泡
諸想同陽燄　諸行喻芭蕉　諸識猶幻事。
日親之所說。（觀共相）諸行一時生　亦一時住滅。
（觀世俗勝義）癡不能癡癡　亦不能癡彼。非餘能有癡
而愚癡非無。不正思惟故　諸愚癡得生。
此不正思惟　非不愚者起。（俗隨勝不隨：勝不隨）福非福不動
行又三應知（去來今）　復有三種業　一切不和合。
現在速滅壞　過去住無方　未生依衆緣

而復心隨轉。畢竟共相應　不相應亦爾。
非一切一切　而說心隨轉。（俗隨）於此流無斷
相似不相似　由隨順我見　世俗用非無。
若壞於色身　名身亦隨滅　而言今後世
自作自受果。前後差別故　自因果攝故
作者與受者　一異不可說。（釋難）因道不斷故（後有）
和合作用轉（非頓）　從自因所生（非一切）　及攝受所作。
（顯相）樂戲論爲因　若淨不淨業　諸種子異熟
及愛非愛果。（所緣）依諸種異熟　（依止）我見而生起
自內所證知　無色不可見。無了別凡夫

計斯爲內我　我見爲依故　起衆多妄見。
告四
（因果）總執自種故　宿習助伴故　聽聞隨順故
發生於我見。貪愛（顯集）及於緣　而生於內我
攝受希望故　染習外爲所　（癡集）世間眞可怖
愚癡故攝受　先起愛藏已　由茲趣戲論。
彼所愛藏者　賢聖達爲苦　此苦逼愚夫
剎那無暫息。（計執）不平等纏心　積集彼衆苦
積集是愚夫　計我苦樂緣　（凝障）諸愚夫固著
如大象溺泥　由癡故增上　遍行遍所作。
縛解
此池派衆流　於世流爲瀑　非火風日竭
縛徧知
唯除正法行。於苦計我受　苦樂了知苦
分別起此見　從彼生生彼。染汙意恆時
解脫徧知
諸惑俱生滅　若解脫諸惑　非先亦非後。
非彼法生已　後淨異而生　彼先無染汙
說解脫衆惑。其有染汙者　畢竟性清淨
既非有所淨　何得有能淨。諸種子滅故
諸煩惱盡故　卽於此無染　顯示二差別。
無餘解脫
自內所證故　唯衆（非全無性）苦盡故　永絕戲論故
一切無戲論。衆生名相續　及法想相中
無生死流轉　亦無涅槃者。

妙法蓮華經方便品

爾時世尊從三昧安詳而起告舍利弗諸佛智慧甚深無量其智慧門難解難入一切聲聞辟支佛所不能知所以者何佛曾親近百千萬億無數諸佛盡行諸佛無量道法勇猛精進名稱普聞成就甚深未曾有法隨宜所說意趣難解舍利弗吾從成佛已來種種因緣種種譬喻廣演言教無數方便引導衆生令離諸著所以者何如來方便知見波羅蜜皆已具足舍利弗如來知見廣大深遠無量無礙力無所畏禪定解脫三昧深入無際成就一切未曾有法舍利弗

如來能種種分別巧說諸法言辭柔軟悅可衆心舍利弗取要言之無量無邊未曾有法佛悉成就止舍利弗不須復說所以者何佛所成就第一希有難解之法唯佛與佛乃能究盡諸法實相所謂諸法如是相如是性如是體如是力如是作如是因如是緣如是果如是報如是本末究竟等爾時世尊欲重宣此義而說偈言。

世雄不可量　諸天及世人　一切衆生類

無能知佛者　佛力無所畏　解脫諸三昧

及佛諸餘法　無能測量者　本從無數佛

具足行諸道　甚深微妙法　難見難可了。
於無量億劫　行此諸道已　道場得成果
我已悉知見。如是大果報　種種性相義
我及十方佛　乃能知是事。是法不可示
言辭相寂滅　諸餘衆生類　無有能得解。
除諸菩薩衆　信力堅固者。諸佛弟子衆
曾供養諸佛。一切漏已盡　住是最後身
如是諸人等　其力所不堪。假使滿世間
皆如舍利弗　盡思共度量　不能測佛智。
正使滿十方　皆如舍利弗　及餘諸弟子

亦滿十方剎。盡思共度量　亦復不能知。
辟支佛利智　無漏最後身　亦滿十方界
其數如竹林。斯等共一心　於億無量劫
欲思佛實智　莫能知少分。新發意菩薩
供養無數佛　了達諸義趣　又能善說法
如稻麻竹葦　充滿十方剎。一心以妙智
於恆河沙劫　咸皆共思量　不能知佛智
不退諸菩薩　其數如恆沙　一心共思求
亦復不能知。又告舍利佛　無漏不思議
甚深微妙法　我今已具得　唯我知是相

十方佛亦然。舍利弗當知　諸佛語無異
於佛所說法　當生大信力。世尊法久後
要當說眞實。告諸聲聞衆　及求緣覺乘。
我令脫苦縛　逮得涅槃者。佛以方便力
示以三乘教　衆生處處著　引之令得出。

爾時大衆中有諸聲聞漏盡阿羅漢阿若憍陳如等千二百人。及發聲聞辟支佛心比丘比丘尼優婆塞優婆夷。各作是念。今者世尊何故殷勤稱歎方便而作是言佛所得法甚深難解有所言說意趣難知一切聲聞辟支佛所不能及。佛說一解脫義。我等亦得此法到於涅槃。而今不知是義所趣。爾時舍利弗知四衆心疑自亦未了而白佛言。世尊何因何緣殷勤稱歎諸佛第一方便甚深微妙難解之法。我自昔來未曾從佛聞如是說。今者四衆咸皆有疑。惟願世尊敷演斯事。世尊何故殷勤稱歎甚深微妙難解之法。

爾時舍利弗欲重宣此義而說偈言。

慧日大世尊　久乃說是法。自說得如是
力無畏三昧　禪定解脫等　不可思議法。
道場所得法　無能發問者　我意難可測
亦無能問者。無問而自說　稱歎所行道

智慧甚微妙　諸佛之所得。　無漏諸羅漢
及求涅槃者　今皆墮疑網　佛何故是說
其求緣覺者　比丘比丘尼　諸天龍鬼神
及乾闥婆等　相視懷猶豫　瞻仰兩足尊
是事爲云何　願佛爲解說。　於諸聲聞衆
佛說我第一　我今自於智　疑惑不能了。
爲是究竟法　爲是所行道。　佛口所生子
合掌瞻仰待　願出微妙音　時爲如實說。
諸天龍神等　其數如恆沙　求佛諸菩薩
大數有八萬　又諸萬億國　轉輪聖王至

合掌以敬心　欲聞具足道。

爾時佛告舍利弗。止止不須復說。若說是事一切世間諸天及人皆當驚疑。舍利弗重白佛言。世尊惟願說之惟願說之。所以者何。是會無數百千萬億阿僧祇衆生曾見諸佛諸根猛利智慧明了。聞佛所說則能敬信。爾時舍利弗欲重宣此義而說偈言。

法王無上尊　惟說願勿慮　是會無量衆
有能敬信者。

佛復止舍利弗。若說是事一切世間天人阿修羅皆當驚疑增上慢比丘將墜於大坑。爾時世尊重說偈言。

止止不須說　我法妙難思。　諸增上慢者
聞必不敬信。

爾時舍利弗重白佛言。世尊惟願說之。惟願說之。今此會中如我等比百千萬億世世已曾從佛受化。如此人等必能敬信長夜安隱多所饒益。爾時舍利弗欲重宣此義而說偈言。

無上兩足尊　願說第一法。　我爲佛長子
惟垂分別說。　是會無量衆　能敬信此法。
佛已曾世世　教化如是等。　皆一心合掌
欲聽受佛語。　我等千二百　及餘求佛者
願爲此衆故　惟垂分別說。　是等聞此法
則生大歡喜。

爾時世尊告舍利弗。汝已慇勤三請。豈得不說。汝今諦聽善思念之。吾當爲汝分別解說。說此語時會中有比丘比丘尼優婆塞優婆夷五千人等。卽從座起禮佛而退。所以者何。此輩罪根深重及增上慢。未得謂得未證謂證。有如此失。是以不住。世尊默然而不制止。爾時佛告舍利弗。我今此衆無復枝葉純有貞實。舍利弗。如是增上慢人退亦佳矣。汝今善聽。當爲汝說舍利弗言唯然世尊願樂欲聞佛告舍利弗如是妙法諸佛如來時乃說之如優曇鉢華時一現耳舍利弗汝等當信佛之所說言不虛妄舍利弗諸佛隨宜說法意趣難解所以者何我以無數方便種種因緣譬喻言辭演說諸法是法非思量分別之所能解唯有諸佛乃能知之所以者何諸佛世尊唯以一大事因緣故出現於世舍利弗云何名諸佛世尊唯以一大事因緣故出現於世諸佛世尊欲令衆生開佛知見使得清淨故出現於世欲示衆生佛之知見故出現於世欲令衆生悟佛知見故出現於世欲令

衆生入佛知見故出現於世舍利弗是爲諸佛以一大事因緣故出現於世佛告舍利弗諸佛如來但教化菩薩諸有所爲常爲一事唯以佛之知見示悟衆生舍利弗如來但以一佛乘故爲衆生說法無有餘乘若二若三舍利弗一切十方諸佛法亦如是舍利弗過去諸佛以無量無數方便種種因緣譬喻言辭而爲衆生演說諸法是法皆爲一佛乘故是諸衆生從諸佛聞法究竟皆得一切種智舍利弗未來諸佛當出於世亦以無量無數方便種種因緣譬喻言辭而爲衆生演說諸法是法皆爲一佛乘故是諸衆生

從佛聞法究竟皆得一切種智舍利弗現在十方無
量百千萬億佛土中諸佛世尊多所饒益安樂衆生
是諸佛亦以無量無數方便種種因緣譬喻言辭而
爲衆生演說諸法是法皆爲一佛乘故是諸衆生從
佛聞法究竟皆得一切種智舍利弗是諸佛但教化
菩薩欲以佛之知見示衆生故欲以佛之知見悟衆
生故欲令衆生入佛之知見故舍利弗我今亦復如
是知諸衆生有種種欲深心所著隨其本性以種種
因緣譬喻言辭方便力而爲說法舍利弗如此皆爲
得一佛乘一切種智故舍利弗十方世界中尚無二

乘何況有三舍利弗諸佛出於五濁惡世所謂劫濁
煩惱濁衆生濁見濁命濁如是舍利弗劫濁亂時衆
生垢重慳貪嫉妒成就諸不善根故諸佛以方便力
於一佛乘分別說三舍利弗若我弟子自謂阿羅漢
辟支佛者不聞不知諸佛如來但教化菩薩事此非
佛弟子非阿羅漢非辟支佛又舍利弗是諸比丘比
丘尼自謂已得阿羅漢是最後身究竟涅槃便不復
志求阿耨多羅三藐三菩提當知此輩皆是增上慢
人所以者何若有比丘實得阿羅漢若不信此法無
有是處除佛滅度現前無佛所以者何佛滅度後如

是等經受持讀誦解義者是人難得若遇餘佛於此法中便能決了。舍利弗。汝等當一心信解受持佛語。諸佛如來言無虛妄。無有餘乘唯一佛乘。